JN418035

추억나비

추억나비

강대선 디카시집

시와사람

시인의 말

길 가다가 광땡처럼 만난 장면을

사진으로 찍고 디카 시조로 썼다

풍경 속에는 나르키소스가 어느 정도 스며있다

2026. 1. 6.

강대선

차례

1부 추억나비

2부 전송

3부 인력대기소

4부 경계

제 1부

추억 나비

니 것은

길가던 아자씨

은근슬쩍 바라보며

자네 가슴처럼 저것도 짝짝이구먼

아줌씨 끌끌 혀를 차며

딱 봐도 짝붕알이구만

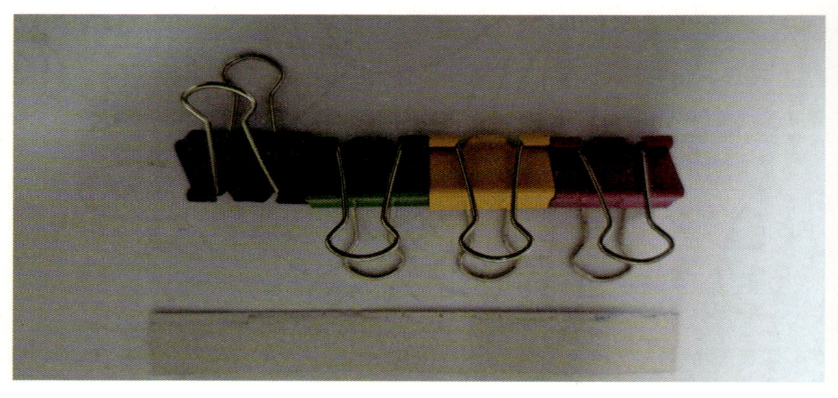

거꾸로

책상 위에 클립이

줄줄이 나란히

그중에 한 녀석 물구나무를 선다

친구야, 똑바로 서라

니들이 거꾸로야

둥지

다사로운 어미 새
새끼 품는 듯
손 밖의 손이 손 안의 손을 품는다
아픈 날 이불 포대기로
감싸시던 어머니

수구초심

도마뱀 한 마리 바다로 간다

다리 한쪽 잃고 꼬리 떨어져도

저어편 고향을 향해

한 발

내딛는다

가지 끝에 걸린 길

빗물 흐르듯 가지도 갈라졌는지

나이고 너였던 허공의 인연 줄기

길 내준 가지를 따라

빗물이 맺혀 있네

지귀야

지귀야, 지귀야, 불타는 지귀야

불이 되어 온 나라 날뛰는 지귀야

염화로 지글대는 가슴

어쩔끄나, 어쩔끄나

2017. 04. 29.

추억나비

어이, 잘 있는가

기억이 한참이시

사는 것이 바람처럼 스쳐 가는 일인 갑서

나비가 잠시 앉았다가

날아가는 일인갑서

하빌레라

행여나 못 보실까…허공 위로 목을 세워

가지 끝에 손수건 하얗게 매달았네

그래도 못 보실세라

향기 치켜올리네

연화도량

첩첩 설산으로

빙 둘러 아득하고

소박한 사람들 어울려 사는 곳

오욕이 들어올세라

하늘로만 길 내었네

봉순이 누나

산 위로 봉긋

보름달 떠오르면

우리 누나 봉순이 봉긋 떠오르지

서울서 잘 살고 있는가

봉긋 솟은 그리움

제 2 부

전송

지상으로 내려온 별

아버지 가시며 눈물 떨구셨지

하늘로 올라가 별이 되신 줄 알았더니

자꾸만 나를 부르시네

내려오셔서 부르시네

전송

서운한 거 다 아네

담배 한 갑 넣었네

짝꿍으로 입사해서 밑창이 다 닳았지

언제든 소식 전하게

소주나 한잔하세

준비, 땅!

바람 불어오면 카운트다운이 시작된다

땀 고이는 손바닥

셋, 둘, 하나, 땅!

하늘로 비상하는 꿈

숨죽이는 지상

인과 연

운명처럼 너와 나

몰랐지만 알았어

우연처럼 이렇게 만나게 되는 걸

연분홍 꽃배가 되어

흐르고 흐르는 걸

홀로

둘이 걸으며 다정했던 이 해변
늦가을 바람에 옷깃을 세운다
구름은 예처럼 다정한데
발자국만 외따로

가을 나비

가지 끝에 매달려 바람을 기다린다

더 늦기 전에 떠나야지 하면서도

나마저 떠나 버리면

너 혼자 어쩌나

다비

참나무 느티나무 다비식을 치른다

마른 몸 아낌없이 던지는 공양

저 불이 화엄의 경전

한 생이 염화

기린들

땅끝에 당도해 바다를 바라보며
아프리카 대륙을 꿈꾸듯 상상한다
날마다 길어지는 목
밀려오는 스와질란드

반쪽의 꿈

모음과 자음이 짝을 찾아 헤맨다

너와 나도 만나야 사랑을 짓는다

반쪽아, 어디에 있니?

만나야 꿈이다

화양연화

보아라, 봄이면 환하게 흐드러져

하늘 뒤덮는 찬란함을

가거라, 먹구름의 시간아

지금은 찬연할 테니

할머니의 무릎

할머니 무릎도 저리저리 둥그셨지

한 세상 파도에 닳아지고 닳아져

만지면 애처러웠지

통증조차 순했지

얼굴없는 절규

정작으로 슬픈 건 얼굴 없는사랑
절규하는 사랑에 무엇이 남았나
네 얼굴 들여다보니
도려진 내 얼굴

아바타

너는 나의 아바타, 이크란을 타고
절벽과 바다 위 아슬아슬 날았지
아침에 일어나 보니
파닥이는 해오라비난초

종착역

참나무 느티나무 소나무 매화나무

저마다 살아온 길 다르다 말하지만

여기선 모두가 땔감

타오르길 기다리네

씨름

퉁퉁 부은 눈으로 창밖을 보았더니

줄 하나 잡고 오르는 초록 손

마음 줄 놓지 않으면

끝나는 건 없지

인력대기소

배 채우고 담배 물고 올려다본 하늘

아따, 저기에 팔광이 떠불었시야

어디요? 참말이구만요

내일은 광땡이여!

겨울 묵음

이제는 녹이 슬고

줄마저 끊겼어도

한때는 푸른 음률 하늘에 닿았다네

온몸이 적막이어도

뿌리는 숨을 쉬네

희망 초서

어둠이 일어나 밝음을 껴안는다

어두워질 수밖에 없겠다 하는데

저 멀리 불 밝히는 사람들

어둠이 찬란하다

탱자 가라사대

빽빽이 막아서도 햇볕 들고 바람 불고 상처 많은 인생에도

풍경 들고 새가 운다 철사로 장벽을 쳐도 오는 봄 어찌 막으리

인생

해 지는 방향으로 목을 세운다

오늘이 져야 내일이 올 것이다

어제는 오늘의 죽음

내일을 품고 있다

문들레*

문들레 문들레 당신 곁에 문들레

죽어 다시 태어나도 당신 곁에 문들레

키 작아 안질방이 풀꽃

당신 바라 문들레

*민들레의 방언

흘레

등 돌리고 떨어져 가만 있자 해도

핥고 애무하는 저 달콤한 구름의 혀

너라면 버텨내겠어

꽃 피우지 않고는

청혼

저 하늘에 뜬 달이 보여? 응

저 바다에 뜬 달이 보여? 응

접으면 나비의 날개

함께 날까? 응,응

꽃술

버려진 주전자에 흙먼지 쌓이더니

꽃씨 날아들어 한가득 꽃잔치네

허공에 향기 넘치니

코끝이 남실남실

단심

한사코 하늘 향해 일편단심 솟구친다

누구를 향한 지극한 정성인가

하늘이 알고 있으리

외줄의 몸부림을

시절 인연

때로는 오목으로

때로는 볼록으로

격동의 한 시절 기대며 지나왔구나

포개져 살아왔구나

오목과 볼록으로

프로메테우스 불씨

남은 잎 다 보내고 불을 밝혔네

세상에 눈먼 까치 시인이여

어서 와, 불씨를 삼켜

눈을 뜨시게

신성

보성을 지나다가

요즘 꼬막 시세가 얼마나 나간다요

공판장에 나가봐도 통 재미가 없소야

그래도 어쩌겄어라

형편대로 가야제

제 4부

경계

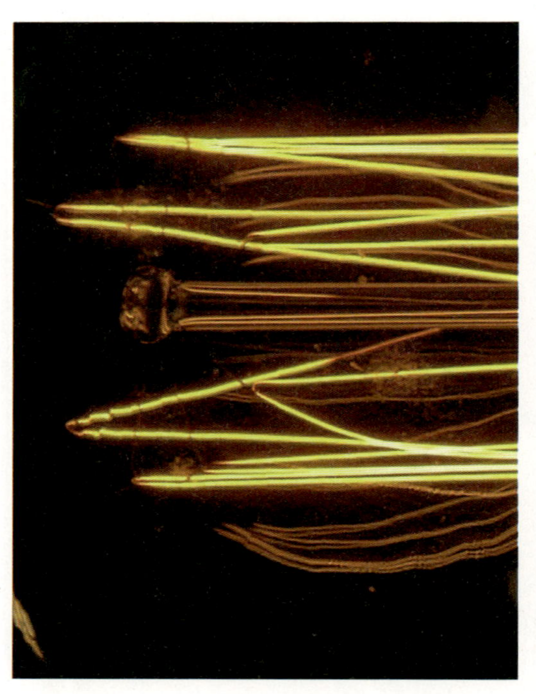

필라멘트

나는 나를 불살라 맹렬하게 불살라

마침내 빛 되어 어둠에게로 간다

아침이 밝아올 때까지

어둠을 껴안는다

환상통

너는 구름 눈물? 너는 슬픈 노을?

너는 천년 거북? 너는 비행접시?

저물녘 가로등 눈 뜨면

황금 돌고래 떼

도시의 밤

카메라 렌즈 속 욕망의 군상들

저마다 길 위에서 앞만보고 질주한다

셔터가 깜빡이는 사이

요지경 만화경

아시나요?

물결치는 이 마음 당신은 아시나요?

요동치는 이 마음 당신은 아시나요?

마침내 전율하고 마는

이 마음, 아시나요?

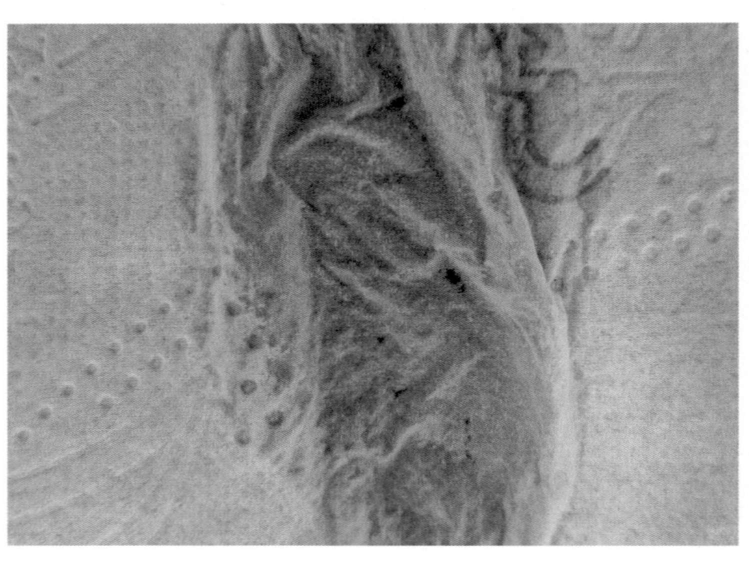

사랑론

내 몸 망가뜨리는 독 같은 사랑이어서

한사코 떨어져 멀리멀리 에돌았건만

한순간 벼락 맞은 듯

피한다고 피해지더냐

경계

가르면 갈라지는 이쪽과 저쪽인가

구름도 넘어가고 바람도 자유로운데

우리만 이쪽과 저쪽인가

이 길도 가를텐가

평행우주

흐르는 너와 멈춰있는 내가

이쪽과 저쪽 우주가 평행이다

우리는 서로의 우주

너는 또 다른 나

초서草書

백양사 가는 길에 거장들을 만났다

펼쳐진 하늘에 써 내려간

생의 활자

온몸이 한 장의 초서

곡진한 흘림체

똥

활자가 똥보다 구릴 때 있다

똥보다 구린 나를 읽을 때 있다

차라리, 똥이 더 낫다

생각할 때 있다

허욕의 탑

한 층 위에 한 층

그 위에 또 한 층

탑 위에 탑이 탑으로 쌓인다

아서라, 올라설수록

위태로운 바벨

뼛골

잠 깨어 커튼 젖히니

몰려드는 땅거미

가만히 바라보니 밀려드는 그리움

저곳에 누워 계시는가

뼈마디 절절하여라

두꺼비 탈

두꺼비 탈을 쓰고 숨어 있는 흰 쥐야

오늘은 무얼 훔치려 기회를 엿보느냐

언제고 꼬리 잡히면

뼈도 못 추리리

위리안치圍籬安置

물속을 하염없이 들여다보는

나르키소스

아름다운 꽃보다 자신을 사랑했네

스스로 위리圍籬한 형벌

빠져나오지 못하네

디카시를 바라보는 몇 가지 시선

강경호 (시인, 한국문인협회 평론분과 회장)

1.

소쉬르가 『일반언어학 강의』에서 언어시대가 지워져가고 기호의 시대가 온다고 하였다. 자연도, 인간의 행동도 언어가 된다는 의미이지만 소쉬르가 언어를 포기한 것이 아니다. 그러한 모든 것들에게 기호라고 이름을 붙인 것으로 볼 수 있다. 소쉬르의 언어에 대한 개념은 이제 보편화되어 있다. 말이나 문자만이 언어라는 기호인 것이 아니라 오감五感으로 느낄 수 있는 것은 모두가 언어인 것이다. 눈에 보이는 자연과 사물은 제각기 그것들에서 감정을 느끼게 함으로써 언어의 기능을 갖는다. 미술작품에서 감흥을 느끼고, 음악의 선율에서도 어떤 느낌과 메시지를 받을 수 있다.

전통적으로 시는 문자로 표현해왔다. 그런데 사진이라는 시각 이미지를 문자와 결합시킨 것이 디카시이다. 디지털 문명의 발전으로 이를 시에 적용시켜 현대에 적합한 디카시는 새로운 장르라고 보기보다는 서정시의 시적 발화 방식을 확장시킨 것이다.

이렇듯 세계는 모두가 텍스트여서 그것을 순간 포착한 사진언어 또한 기호이다. 칸딘스키가 〈즉흥〉 연작을 통해 그림을 그릴 때 미리 작품을 구상하지 않고 순간적인 영감을 캔버스에 그려낸 것처럼, 자연과 사물에서 순간적으로 떠오른 영감을 카메라로 포착한 것과 유사한 것이 디카시의 원리라고 할 수 있다. 그러므로 디카시는 칸딘스키의 그림처럼 순간의 예술이어서, 사진은 관념적일 수 있지만, 그것을 해석하는 문자라는 기호는 낯설고 참신해야 한다.

그럼에도 불구하고 오늘날 유행처럼 번지는 디카시 작품들은 실망시키는 경우가 더 많다. 독설을 하자면, 시각적인 기호와 문자 기호가 그 역할을 제대로 하지 못하고 있는 것이 대부분이다. 디카시를 설명하는 이론을 제대로 실천한 작품들이 드물다는 것이다.

그리고 디카시는 태생적인 한계가 있다. 문자시의 깊은 비의秘意를 드러내기에는 적당한 형식이 될 수 없다는 것이 필자의 생각이다. 디카시가 카메라 영상과 문자시 조합의 멀티예술이지만, 사진이 제시한 소재에 얽매여 오히려 시적 상상력을 제약할 위험이 있다. 이를 극복하는 일은 간단하지 않다. 오랜 시력詩歷을 지닌 훌륭한 시인들이 디카시를 형상할 때 더욱 좋은 작품이 가능한 것은 당연하다. 그런데 접근이 용이하기 때문에 디카시를 쓰는 경우가 많고, 제대로 디카시의 개념을 이해 못 하는 시인들이 많다. 좋은 시를 쓰는 시인들이 디카시와 거리를 두는 이유를 생각해 보아야 한다.

본의 아니게 우리 디카시의 현주소와 과제로 서두를 장식하였다. 이는 디카시의 미래에 대한 염려이며, 디카시가 진정한 디카시의 자리에 정착해야 한다는 절박함 때문이다. 그동안 생의 비의秘意를 밀도 있고 진중하게 서정시의 영역을 개척한 강대선 시인에게도 디카시는 호기심의 영역이었을 것이다. 특히 5행 이내라는 디카시의 형식이 우리 단시조와 닮은 점에서 사진 이미지와 시조를 결합하고자 한 것이 아닌가 하는 추측을 해본다. 대부분의 디카시가 자유시 형식에 따른 시인만의 욕망을 반영한 것으로도 볼 수 있다.

디카시는 시조단의 원로인 이상범 시인이 시조로 처음 접근하였다. 그러므로 디카시는 시조 형식으로 출발한 것이다. 시를 쓰고 그림을 그리고 서예 등 삼절을 해 온 이상범 시인이 디카시를 쓰는 일은 자연스러운 것이었을 것이다. 디카시가 시조 형식에서 비롯되었음에도 불구하고 오늘날 디카시의 대부분은 시조 형식이 아닌 자유시이다. 이러한 우리 디카시단에 강대선 시인의 디카 시조집은 '디카시란 무엇인가?'에 대한 질문을 던진다는 측면에서 매우 유익하고 의미 있는 일이 아닐 수 없다.

2.

강대선 시인의 이번 디카시집 『추억 나비』는 몇 가지 특징이 나타난다.

우선 앞에서 밝힌 것처럼 시조 형식을 취하고 있는 점이다. 5행 이내의 행에 적합한 단시조로 구성되었고, 시조 형식상 언어가 절제·정제되어 있으며, 운율을 잘 살려 시가 본래 노래였다는 것을 상기시키고 있다. 그리고 사진 텍스트에서 주제를 클로즈업시켜 정서의 심화나

메시지를 강화하는 세련됨을 보여준다. 또한 그의 시제詩題들은 대부분 명사형이어서 관념을 풀어내고자 하는 의도를 엿볼 수 있다. 더불어 단호한 시인의 감정이 깃든 경우가 많다. 이러한 강대선 시인의 디카시는 자신이 지금까지 써온 자유시와는 다른 독자 친화적이어서 쉽게 독자들에게 다가가려는 노력이 엿보인다. 또한 그의 디카시는 사진 독해를 넘어 사물의 본질을 들여다보고자 하는 시선이 반영되어 있다.

강대선 시인의 디카시 세계는 생태학적 상상력의 시편, 존재의 실존 방식과 이러한 세계를 묘파하는 시편, 사회학적 상상력을 보여주는 시편, 그리고 사랑이라는 감각을 형상화한 시편 등으로 나눌 수 있다.

생태학적 상상력을 탐구한 작품에서는 주로 식물성에서 발화를 하여 생명의 끈질김과 그것들이 지닌 아름다움, 그리고 인간의 삶에서 마주하는 생명의 본질을 파헤치고 있다. 그리고 「프로메테우스의 불씨」가 보여주듯 늦가을 감나무에 붉게 익은 감을 '불씨'로 인식하여 "세상에 눈먼 까치" 시인에게 "눈을 뜨"라고 하여 세계를 볼 수 있는 눈을 가지기를 소망한다. 바로 이 부분이 강대선 시인의 디카시가 지향하는 세계이다.

존재방식을 탐구하는 시편들에서는 '탑을 쌓을수록 그것이 허욕'임을 깨우치거나, 「똥」에서는 "똥보다 구린 나를 읽을 때가 있다"며 활자보다 구린 삶을 성찰하기도 한다. 「초서」에서는 잎사귀를 떨군 나무를 통해 스스로의 생을 일구어가는 견인시, 「다비」에서는 한때 생명이었던 참나무가 "마른 몸 아낌없이 던지는 공양"이 지닌 희생을 통해 새로운 생명으로 거듭나는 윤리적 감각을 보여준다.

사회학적 상상력을 모색하는 시편에서는 도시의 불빛 속에서 피사체로 은유화된 "욕망의 군상들", 그것을 포착하는 "셔터가 깜박이는 사이" 요지경이며, 온갖 천태만상으로 나타나는 도시 모더니티를 노출시킨다.

이렇듯 인간의 다양한 삶을 놓치지 않는 시인의 눈은 카메라처럼 분석적인 이성을 바탕으로 하여 강대선 시인의 시는 마침내 사랑을 노래한다. 「청혼」에서는 부드러움과 뜨거움의 감각으로 사랑의 관계성에 천착한다. "죽어서도 다시 태어나도 당신 곁에 문들레"에서 보듯 지극하고 지조 있는 전통적인 사랑법을 노래한다.

강대선 시인의 디카시는 디카시의 특성상 시각적인 텍스트에서 시적 발화를 하지만, 인간의 삶의 양태를 여러 모습으로 드러내는데 능숙하다. 절제된 언어와 음악성은 시는 물론 시인의 품격을 완성하는데 일조하고 있어, 앞에서 지적한 한국 디카시의 과제를 푸는데 좋은 예가 될 것이다.

3.

디카시는 형식의 한계를 극복하는 데 시적 관건이 좌우될 때가 많다. 사진 텍스트가 보여주는 시각적인 요소를 독해 수준에 머무는 경우가 많기 때문이다. 많은 시인이 디카시에 도전하지만, 특별한 노력이 필요하다. 특히 시조 형식을 취하는 일은 더욱 어려운 일이다. 3장 6구의 형식을 취한다 해도 초·중·종장의 전개 방식이 자연스러워야 한다. 종장을 잘 마무리하는 일은 특히 시조의 승패를 좌우하는 경우가 많다. 강대선 시인의 디카시조들은 이러한 제약을 거뜬히 넘어서고 있어, 그의 디카시가 우리나라 디카시를 선도하고 있음을 입증한다.

바람 불어오면 카운트다운이 시작된다
땀 고이는 손바닥
셋, 둘, 하나, 땅!
하늘로 비상하는 꿈
숨죽이는 지상

-「준비, 땅!」 전문

강대선 시인의 작품 경향 중에서 특히 눈길이 가는 것들은 생명성 탐구에 관한 시편들이다. "준비, 땅!"은 우리가 흔히 들어왔던 말이다. '시작을 알리는 기호'를 나타내는 이 언어는 첫 장에서 "바람 불어오면 카운트 다운이 시작된다"고 1행으로 구성되어 있다. 봄이 되어 봄바람이 불어오면 모든 생명들이 다시 살아오는 모습을 형상화하고 있다. 초·중장은 분행시켜 2행씩으로 구성되어 있는데 '손바닥', '땅', '꿈', '지상'을 나타내는 명사들을 강조하기 위한 시적 장치이다. "땀 고이는 손바닥", "셋, 둘, 하나, 땅", "하늘로 비상하는 꿈", "숨죽이는 지상" 등의 표현을 통해 깨어나는 생명의 환희를 극적으로 표현하기 위한 방식을 취함으로서 "준비, 땅!"하고 새로운 길을 출발하는 생명의 아름다움을 보여주고 있다.

이와 함께 화자가 시적 발화를 하였을 이른 봄 발견한 청개구리에게서 생명의 경이를 직감하며 여린 생명을 손바닥 위에 올려놓고 바라보았음을 짐작할 수 있다. 사진이 보여주는 시각이미지에서 시적 발화를 하였지만, 이후 시인의 시 내용은 사진을 넘어서는 상상력을 발현하고 있어, 사진 독해 수준을 훨씬 넘어서고 있다는 측면에서 디카시의 창작 방식에 대한 올바른 방식을 제시하고 있다.

다음의 「탱자 가라사대」는 빽빽한 탱자나무는 희망을 꿈꾸는 봄의 상징으로 상처진 삶 또한 희망을 노래할 수 있음을 형상화하고 있다.

빽빽이 막아서도 햇볕 들고 바람 불고 상처 많은 인생에도
풍경 들고 새가 운다 철사로 장벽을 쳐도 오는 봄 어찌 막으리

-「탱자 가라사대」 전문

사진 텍스트는 울창한 탱자나무 울타리이다. 화자는 이 모습을 보았을 때 사람은 지나갈 수 없지만, 햇볕과 바람은 통과할 수 있음을 생각하지 않았을까. 그리고 탱자나무는 가시가 있어 누군가를 찌를 수 있다는 자기방어 기제로서의 탱자나무를 떠올리기도 했을 것이다. 바로 이 지점이 탱자나무 울타리에 대한 상상력이라고 할 수 있다. 어쩌면 탱자나무는 누군가를 찌르기 위해서보다도 자신의 허벅지를 찔러 스스로를 일깨우고자 가시를 달고 있는 것은 아닐까.

이 작품은 시인의 의식이 작용하여 시를 형상화시켰지만, 시제가 말해주듯 '탱자 가라사대'라고 하고 있다. 탱자가 자신에게 거는 말인 것이다. 2행으로 구성된 이 작품을 단시조 형식을 취하면 "빽빽이 막아서도 햇볕들고 바람불고/ 상처 많은 인생에도 풍경들고 새가 운다/ 철사로 장벽을 쳐도 오는 봄 어찌 막"을 수 있겠는가라고 반문한다. 그럼에도 불구하고 기존의 시조 형식을 벗어나 새로운 형식으로 시조의 틀을 변형하고 있다. 이렇듯 식상한 단시조의 정형을 파괴하고 있지만, 시조의 장점인 음악성을 잘 살리고 있는 것은 첫 장에서 "햇볕 들고 바람 불고"의 리듬 반복이 주는 연속성으로 인한 음악성 발생, 2행에서도 마찬가지로 "~들고 ~운다"고 하는 리듬의 반복이 이 작품이 잘 읽히게 하는 묘수가 되고 있다. 이렇듯 디카시에서는 좀처럼 보기 힘든 운율 형식이 산문처럼 긴 2행짜리임에도 작품을 읽는 즐거움을 준다.

이 작품을 인간의 삶에 대비시키면 매우 어려운 처지에 있는 존재의 실존을 암시한다. '빽빽하고', '상처 많은 인생'이며, '철사줄로 장벽을 친' 상황이기 때문이다. 그럼에도 '햇볕이 들고', '풍경이 들고 새가 우는' 것이어서 생명의 표지인 '봄'을 맞을 수 있는 까닭이다.

이밖에 「아바타」에서는 사진 이미지에서 나타나는 '해오라비 난초'의 새처럼 보이는 형상에서 시적 발화를 하였지만, "절벽과 바다 위 아슬아슬 날았"기 때문에 '해오라비'를 닮은 '해오라비 난초'로 새로운 생명성을 얻었다고 노래하고 있다.

「홀레」에서는 '성적 관계를 맺는' 성애性愛에 대한 상상력을 자연풍경에서 발견하고 있다. 제시한 사진 텍스트에는 높은 산 위를 흘러가는 흰구름이 있는 풍경이다. 흔한 모습에서 시인은 "핥고 애무하는 저 달콤한 구름의 혀"라고 노래하고 있다. 구름이 산 위를 지나가는 것을 '애무'와 '입맞춤'의 감각으로 표현하여 에로티시즘을 구현한다. 그러므로 "너라면 버텨내겠어// 꽃피우지 않고는"이라고 함으로서 원초적 생명의 본질에 가닿고 있다.

살펴보았듯이 강대선 시인의 디카시가 내밀한 시적 메시지와 낯설고 문학성 높은 작품을 형상화할 수 있는 것은 평소 자유시에서 성취한 시적 깊이 때문이라고 여겨진다. 그러므로 접근이 용이하다고 생각하는 시인들에게 디카시를 어떻게 써야 하는지를 모범적으로 보여주고 있다.

4.

디카시는 디지털 카메라 포엠Digital Camera Poem을 의미한다. 여기에서 왜 '디지털'이라는 용어가 쓰였는지를 주목해야 한다. 디카시는 '순간포착' 또는 '즉흥'의 의미를 내포하고 있다. 현대문명의 발달로 인해 모든 스마트폰에 카메라가 장착되어 있어 언제, 어디서든지 쉽게 감동의 순간이나 영감을 포착할 수 있다. 본래 과학과 예술의 영역은 만날 수 있는 지점이 없었지만, 20세기에 들어와 백남준의 '비디오아트'를 통해 과학이 처음으로 예술과 만날 수 있었다. 그런 까닭에 카메라와 전통적 언어 매체인 문자가 만나 디카시가 태어나는 일은 매우 자연스러운 일이다.

우리는 디카시를 논할 때 '디지털의 개념'에 대해 생각해 보아야 한다. 디지털카메라의 장점은 순간포착을 가능하게 하는 기기의 순발력에 있으며, 또 다른 디지털의 역할은 디카시를 소비하는 데 용이하다는 데 있다. 어디서든 쉽게 사진을 찍고, 그것을 디카시로 만들어 동시에 많은 독자들에게 전달할 수 있기 때문이다. 그러나 현실에서도 이처럼 신속하게 독자들에게 디카시를 공유하고 있는지 묻고 싶다. 많은 디카시 시인들이 현장이나 서재에서 사진에 담겨진 영감과 감흥을 바탕으로 문자시를 다듬는 과정에서, 처음의 시적인 흥분을 온전히 전하기는 쉽지 않다. 바로 이 부분에서 디카시의 본래 의미를 되살리기 위한 점검이 필요하며, 더 나아가 섬세하고 실천 가능한 이론적인 정립도 요구된다. 시를 쓰는 과정에서 '날것의 언어', '언어 이전의 언어'를 붙잡는 일은 결코 쉬운 일이 아니어서, 실제 창작 과정에서 오류와 모순이 발생하는 경우가 허다하다.

더불어 사진을 보정하는 시인들도 다수 있음은 사실이다. 사진 보정은 자칫 본래 포착한 '날것의 언어', '언어 이전의 언어'를 왜곡시킬 수 있다. 디카시가 사진시와의 변별력을 갖기 위해서는, 디카시라는 형식이 만만하지 않다는 점을 분명히 인식할 필요가 있다.

이러한 면에서 강대선 시인의 몇 편의 디카시는 주목할 만하다.

어이, 잘 있는가
기억이 한참이시
사는 것이 바람처럼 스쳐 가는 일인 갑서
나비가 잠시 앉았다가
날아가는 일인갑서

-「추억 나비」 전문

존재를 기억함으로써 실존을 드러내는 이 작품의 사진 텍스트는, 디카시의 주된 소재로 흔히 거론되는 '자연'이 아니라 펜으로 그린 네 명의 캐리커처가 화면 전면에 배치되어 있다는 점에서 먼저 눈에 띈다. 화면 아래에는 "화, 석, 선, 렬"이라는 글씨가 새겨져 있는데, 캐리커처 속 인물들의 이름으로 보인다. 더불어 그림이 그려진 날짜로 보이는 "2017.04.29."라는 숫자도 확인된다. 물론 이 그림을 시인이 직접 그렸다고 보기는 어렵다. 시적 화자가 이 그림을 마주한 순간 어떤 영감이 떠올랐고, 그 장면을 카메라로 찍었을 가능성이 크다. 촬영 장소가 정확히 어디였는지는 알 수 없지만, 작품의 정서와 제재를 고려하면 추모의 현장이었을 것이라고 유추해 볼 여지는 있다. 흔히 '나비'가 죽은 자의 영혼을 상징하는 기호로 사용되어 왔기 때문이다.

만약에 추모 현장에 누군가가 붙여 놓은 추모의 표시라면, 시인은 그림 속의 인물들을 자신과 관계있는 인물들로 변용시켜 "어이, 잘 있는가/ 기억이 한참이시"라면서 생전의 인물들을 떠올리고, 추억을 연상시키며, 지나가버린 시간과 인생의 허무를 노래하였을 것이다. 마치 "나비가 잠시 앉았다가/ 날아가는 일인갑서"라고 화살처럼 빠르고 가벼운 시간 감각을 드러낸다.

이 작품에서 시제인 '추억 나비'의 '나비'는 앞에서 밝힌 세상을 떠난 이들을 위로하는 것의 은유이지만, "나비가 잠시 앉았다가/ 날아가는"의 '나비'는 '존재의 가벼움'과 '재빠른 시간'을 의미한다. 이처럼 디카시라는 짧은 형식이 다의성多義性을 보여줄 때 시적 비의가 풍부해짐을 보여준다. 특히 이 작품은 앞에서 밝힌 것처럼 사진 텍스트를 독해하는 것을 떠나, 시인이 경험한 사진 텍스트와는 거리를 두고 있다. 쉽게 말해 캐리커처 없이 시작품만으로는 디카시가 완성되지 않는 좋은 예가 되고 있다.

「얼굴 없는 절규」 또한 뭉크의 그림 「절규」를 통해 '존재'와 '자아'에 대한 진중한 질문을 던지고 있다.

정작으로 슬픈 건 얼굴 없는 사랑
절규하는 사랑에 무엇이 남았나
네 얼굴 들여다보니
도려진 내 얼굴

-「얼굴 없는 절규」 전문

이 작품 역시 사진 텍스트 없이는 읽히기 어려운 작품이다. 사진의 내용이 자연이 아니라는 점도 분명하다. 이 작품은 불행한 자신의 삶을 형상화한 노르웨이 화가 에드바르트 뭉크1863~1944의 「절규」에서 강한 충격을 받고, 쓴 작품이다.

'얼굴'은 대상을 인식하는 표지이다. 그런데 뭉크의 「절규」에서 얼굴 부분을 도려내어 그림이 왜곡되어 있다. 이 왜곡에서 시인은 시적 감흥을 느꼈을 것이다. 본래 이 그림은 불안한 뭉크의 내면을 자신의 감정으로 해석한 표현주의 방식의 작품이다. '죽음'과 연관된 가족사의 불행을 화면을 가로지르는 사선으로 왜곡된 다리, 불타는 듯한 하늘

등을 통해 불안의식을 표현하였다. 그러나 시인은 이러한 뭉크의 그림이 갖는 의미보다 얼굴 없는 사람의 내면에 관심이 가 있다. 그러므로 "정작으로 슬픈 건 얼굴 없는 사랑"이라 인식하고 "절규하는 사랑에 무엇이 남았나"라고 질문을 하게 된다. '얼굴이 없는 사랑'은 '진실한 사랑'이 아니다. "네 얼굴 들여다보니" '내 얼굴이 도려져 있는 것'에서 그것을 확인할 수 있다. 사랑하는 이의 마음에서 자신의 얼굴이 도려져 있는 것은 이미 상대의 내면에서 자신의 사랑을 지워버린 것이나 마찬가지이다. 그러므로 슬픈 일이 아닐 수 없다.

사진 텍스트에서는 얼굴이 제거된 인물이 두 손으로 귀를 막고 머리를 싸매고 있는 모습이다. 그럼에도 그림의 제목을 알고 있는 시인은 '절규'를 떠올리며 '얼굴 없는 절규'라고 시제를 정했을 것으로 유추해볼 수 있다. 이러한 창작과정과 시적 상상력의 발현으로 형상화한 이 작품은 '진정한 사랑'의 의미를 되짚어보는 과정이기도 했을 것이다. 단순하게, 자동화된, 그래서 간절하지 않은 작품은 "시를 왜 쓰는가?"에 대한 질문보다도 예술 지상주의를 표방하며 '인생을 위한 예술'이 아니라 미적 창조만을 목적으로 삼는 것이 아닐 수 없다.

이 작품은 누군가의 눈에 자신의 삶이 어떻게 보여지는지를 탐구한 시이다. '사랑'은 삶의 근원이기는 하지만, 반드시 이성애異性愛적인 관점으로만 해독할 필요가 없는 다의성을 띄고 있다. 그러므로 얼굴을 통해 존재를 규명하고 성찰의 메시지를 담아내는 것이다.

실존에 관한 상상력을 펼친 작품에서 「허욕의 탑」은 층층의 불빛을 통해 인간의 허욕을 고발하면서 성찰의 태도를 지닌다. "한 층 위에 한 층/ 그 위에 또 한 층" 바발탑처럼 쌓는 인간의 탐욕을 묘파하고 있다. 「똥」에서는 제시된 사진 텍스트 속에서 시를 나타내는 활자 위에 놓인 똥들을 통해 "똥보다 구린 나를 읽을 때가 있다"고 하며 "차라리, 똥이 더 낫다"고 함으로서 '참된 시 쓰기', '참된 삶'에 대해 성찰하고 있다. 「초서草書」는 온몸과 온생이 초서가 되어버린 겨울나무가 푸른 하늘을 배경으로 서 있다. 그 모습에서 시적 화자는 회화적인 풍경으로 나무를 초서로 읽는다. 화자는 스스로 초서가 된 나무를 거장이라고 한다. 생生을 가장 표현하기 어려운 서예 방식인 초서로 일구었기 때문에 거장이라고 하였을 것이다. 실존의 방식이 어떠해야 하는지를 나무에게서 발견하고 있다.

5.

디카시의 발화는 대개 자연이나 사물의 이미지가 유독 강하게 다가오는 순간의 감각에서 시작된다. 시인은 그 감각을 그대로 옮겨 적는 데서 멈추지 않고, 본래의 이미지가 던지는 의미를 해체하고 다시 재구성하여 문자언어로 응축한다. 그 결과물이 디카시이다. 이런 점에서 시각이미지는 단순한 배경이 아니라, 작품의 성립을 좌우하는 중요한 기호이자 언어라고 할 수 있다. 그렇다고 하여 어떤 풍경이나 정서적 사건이 늘 모든 시인에게 동일한 감흥을 주는 것은 아니다. 오랜 습작과 창작 생활을 통해 시적 감각이 단련된 시인일수록, 이미지가 주는 미세한 차이를 더 빠르게 포착하고 그것을 생산적으로 전환하는 능력이 크다. 앞에서도 말했듯 좋은 디카시를 쓰기 위해서는 다양한 상상력의 발현과 시쓰기 훈련이 필요하다. 작업이 쉬워 보인다는 이유만으로 무턱대고 달려들면, 이미지와 언어가 느슨하게 결합한 채 감상문에 머무르거나 사진 설명으로 끝나기 쉽다.

오감으로 작동하는 이미지 가운데 가장 빠르고, 쉽게, 또 많이 지각되는 것은 시각이미지이다. 눈으로 즉각 인지하고 해석할 수 있기 때문이다. 물론 촉각, 미각, 후각, 청각도 이미지로 환기될 수 있지만, 디카시는 사진과 시가 유기적으로 결합하는 형식이므로 그 감각들을 시각적인 방식 이외로는 제시할 수 없다. 촉감이나 냄새, 맛과 소리의 감각은 본질적으로 '가시화'되기 어렵기 때문이다. 이러한 특징 탓에 시각을 잃은 사람에게는 디카시의 핵심 기호인 사진 텍스트 자체가 접근 불가능하다는 사실을 외면할 수 없다. 시력을 잃은 사람이 문자시를 창작하고 향유할 수 있는 것에 비하면, 디카시는 조건상 시각장애인을 배제하는 구조를 갖고 있다. 그러므로 디카시의 대중성을 말할 때, 특정 계층을 소외시키는 한계가 있다.

한편 강대선 시인의 디카시에서 두드러지는 시적 경향 가운데 하나로 사회학적 상상력의 영역을 들 수 있다. 미국의 사회학자 밀즈는 『사회학적 상상력』에서 개인과 역사, 그리고 개인과 역사가 상호작용하는 사회라는 세 지점의 관계에 주목한다. 그는 사적인 문제와 공적인 문제의 의미를 구분하고 연결하는 방식, 이성과 합리성이 때로는 서로 충돌하는 양상, 그리고 역사가 오늘의 상황 속에서 어떤 의미를 갖는지를 통찰하는 능력을 사회학적 상상력이라 보았다. 강대선 시인의 디카시는 이러한 관점과 접속하면서, 개인적 감정이나 장면을 제시하되 그것을 개인 내부에 가두지 않고 사회적 맥락과 역사적 감각으로 확장하려는 방향을 보여준다.

1980년대 한국문학사는 불구화되었다. 핍박받는 민중들의 삶과 국가폭력에 대한 저항 등으로 점철되어 문학이 이러한 현실에 관심을 가질 수밖에 없었기 때문이다. 물론 오늘날에도 이러한 시편들은 여전히 쓰이고 있지만, 그 양상이 달라져 문학사 안에서 이뤄지고 있다.

지귀야, 지귀야, 불타는 지귀야
불이 되어 온 나라 날뛰는 지귀야
염화로 지글대는 가슴
어쩔꼬나, 어쩔꼬나

-「지귀야」 전문

'지귀'는 본래 신라 선덕여왕 때 사람이다. 왕의 미모에 반해 시름에 젖어 몰골이 초췌해지자 영묘사 탑 아래에서 왕을 기다리다가 잠들었는데, 이를 본 왕이 지귀의 가슴에 팔찌를 놓고 갔다. 잠에서 깨어난 지귀가 번민하자 마음속에서 불이 나와 자신의 몸을 불살랐다. 지귀는 불귀신이 되었다. 이후 화재를 막는데 지귀의 부적을 붙였다고 한다. 이 작품은 오늘의 시점에서 변용하여 읽는 것이 더 타당하다. "불이 되어 온 나라 날뛰는 지귀야"라고 부르짖는 시적 화자의 절규는, 재판을 둘러싼 사회적 논란을 연상시키기도 한다. 특히 '지귀'라는 이름이 동시대 공론장에서 거론되는 한 재판장 이름과 음성적으로 겹쳐 들릴 수 있다는 점에서, 이 시는 설화적 인물에 머물지 않고 동시대적 정서를 환기한다. "온 나라"라는 과장된 호명과 '불'의 이미지가 결합하면서 공동체의 불안과 분노, 피로를 응축해 드러낸다. 염화炎火, 즉 '세게 타오르는 불'이자 '마음속에 이는 격렬한 감정'으로 지글대는 가슴을 "어쩔끄나, 어쩔끄나"하고 마음속 화火를 쉽게 끄지 못하는 상태를 형상화했다고도 볼 수 있다. 물론 신라 설화 속 지귀가 뜨겁게 사모하는 마음의 불을 "불타는 지귀"로 이해할 수도 있다. 동시에 이 작품은 중의적인 시읽기 속에서, 설화의 이름을 빌려 오늘의 현실이 불러오는 심리와 정서를 비유적으로 끌어오는 방식으로도 해석될 수 있다. 다시 말해 사랑에 빠진 인물의 이름일 수도 있고, 현실에서 마주치는 부정적 대상의 이름일 수도 있는 '지귀'는, 이 시와 함께하는 사진 텍스트를 고려할 때 신라적 인물보다 오히려 사진 텍스트가 보여주듯 온 나라에 먹구름을 드리우는 시적 대상으로 이해하게 만든다는 생각이 든다.

다음의 「도시의 밤」은 어지럽게 돌아가는 도시에서 느끼는 감각을 모더니티한 시선으로 형상화하였다.

카메라 렌즈 속 욕망의 군상들

저마다 길 위에서 앞만 보고 질주한다

셔터가 깜빡이는 사이

요지경 만화경

-「도시의 밤」 전문

현대의 가장 큰 특징 가운데 하나는 사회 전반이 도시화되었다는 사실이다. 농촌마저 도농都農이라고 부를 만큼, 도시적 생활 양식과 감수성은 우리 사회를 작동시키는 기본 시스템으로 자리 잡았다. 근대 이전에 '도시'가 주로 대도시를 가리키는 말이었다면, 오늘날에는 어디를 가든 도시적 감각이 인간 사회를 지배하고 있다고 말해도 과언이 아니다.

이 작품의 사진 텍스트는 카메라 렌즈이다. 렌즈 속에 자연이나 특정 사물이 또렷한 피사체로 들어와 있는 것이 아니라, 마치 유리창 너머로 붉은 바탕 위에 푸른 페인트가 물방울처럼 흘러내린 듯한 형상이 보인다. 사진 전경을 지배하는 붉은 색조는 도시의 야경을 연상시키고, 자세히 들여다보면 불빛이 반짝이는 듯한 흔적도 읽힌다. 그러므로 시적 화자는 "카메라 렌즈 속 욕망의 군상들"이라고 하였을 것이다. 여기에서 화면 전체의 배경이 된 '붉은 색조'는 본래 붉은 색의 표지인 '열정'이라거나 '정열'이 아니라 '욕망'을 의미한다. 그 욕망을 좇는 '군상들'을 시적 화자는 '도시의 밤풍경'에서 발견한다. 카메라 렌즈를 통해 보여지는 풍경들은 "저마다 길 위에서 앞만 보고 질주한다". 이러한 자본주의적 풍경은 온갖 욕망이 숨쉬는 장소이자 공간이기도 하다.

"셔터가 깜박이는 사이", 즉 도시의 야경을 찍은 그 사이, 다시 나타난 도시의 모습은 "요지경 만화경"이다. 알쏭달쏭하고 묘한 풍경을 보여주는 것이다. 도시의 야경에서 시인은 현대문명의 불빛을 보고 있지만, 탐욕이 숨 쉬는 어두운 그늘을 보고 있는 것이다.

사회학적 상상력을 담아낸 또다른 시편인 「인력 대기소」는 마치 화투의 팔광과 유사한 지상 위에 높이 떠 있는 달을 제시하고, 하루하루를 살아내기 위해 새벽 일찍 달빛을 맞으며 인력 대기소에 나온 일꾼들의 절망과 희망을 노래하였다. 인력꾼들의 일상은 절망적이지만, "아따, 저기에 팔광이 떠불었시야" "내일은 광땡이여!"라고 희망을 꿈꾸지만 목소리에서 왠지 슬픔이 묻어난다. 꿈꾸는 말과 처한 현실 사이의 간극이, 달빛 아래의 농담을 더 씁쓸하게 만들기 때문이다.

「두꺼비 탈」은 "두꺼비 탈을 쓰고 숨어 있는 흰 쥐"의 정체를 드러내며 "오늘은 무얼 훔치려 기회를 엿보느냐"고 꾸짖는다. 그리고 붙잡히면 가만두지 않고 응징하겠다고 말함으로써, 오늘 우리 사회에 만연한 부패와 패악에 대해 일침을 놓는다.

6.

디카시의 유통과 소비 방식의 현실을 보면, 여전히 활자로 인쇄된 시집 형태가 주를 이룬다. 물론 시화전의 전통을 응용한 전시회가 열리기도 하지만, 그 경우 향유의 범위는 전시회장을 방문한 사람들로 제한될 수밖에 없다. 이런 조건을 고려하면, 디카시의 '디지털' 개념이 어디서든 시적 영감을 포착하는 기능에만 머물지 않기 위해서라도, 결과물을 어떤 방식으로 제시할 것인가를 다시 묻게 된다. 시를 활자화하는 방식도 유효하지만, 시인의 육필 역시 하나의 방법이 될 수 있다. 주지하다시피 활자는 표준화된 형태이기 때문에, 육필처럼 시인의 또 다른 감정과 리듬을 직접적으로 드러내기 어렵다. 실제로 가끔 육필시집을 펴내는 시인들이 있다. 이는 근대 이전 시인들의 창작 관습을 떠올리게 한다. 시를 쓰고, 그림을 그리고, 글씨를 직접 쓰는 방식에서 이른바 '삼절三絶'이 어우러지며 작가만의 목소리와 색깔이 형성되었다. 이 아날로그적 방식을 오늘의 디카시에 적용한다면, 그림 대신 사진 텍스트를 활용하면서도 육필의 감각을 결합해 또 다른 정서적 반응을 유발할 가능성이 있다. 그러므로 디카시의 대중적 소통 방식과 매체적 특성을 살리기 위해서라도, 육필과 사진 텍스트의 결합은 충분히 고려해 볼만하다.

강대선 시인의 이번 시집에서 주요한 시적 화두는 '사랑'의 다양한 포즈와 정서, 그리고 의미를 다룬 시편들이다. '사랑'이라는 주제는 인류의 역사와 함께해온 가장 소중하고 뜨거운 삶의 요소이며 본질에 해당한다. 사랑이 전제되지 않은 생은 암흑의 세계이며, 희망을 꿈꿀 수 없다. 그러므로 인간을 포함한 모든 생명체는 '사랑'을 품음으로써 가치 있는 삶을 누릴 수 있다. 흔히 '에로스', '아가페', '이타적 사랑', '자기애' 등으로 사랑의 다양한 성격을 구분 짓는다.

강대선 시인의 사랑 시편들은 주로 에로스Eros적 사랑을 노래하면서도, 자기희생적인 사랑을 노래하고 있어, 사랑을 이해하고 바라보는 시야가 크다 하겠다.

문들레 문들레 당신 곁에 문들레
죽어 다시 태어나도 당신 곁에 문들레
키 작아 안질방이 풀꽃
당신 바라 문들레

-「문들레」 전문

'민들레'를 의미하는 '문들레'는 주로 한반도 북녘이나 만주지역에서 사용하는 방언이다. 윤동주 시인은 「새로운 길」에서 "문들레가 피고 까치가" 나는 곳이라고 노래하였다. '문들레'라는 어감이 어쩐지 '보잘것없는 꽃'이라는 감각으로 다가오는 것은 나만의 감정일까. 강대선 시인의 「문들레」에서 "키 작아 안질방이 풀꽃"이라 하며 시적 화자는 문들레의 생김새를 '키가 작은 앉은뱅이'르 묘사하고 있어 더욱 윤동주의 '문들레'가 떠오른다. 이 작품은 첫 장에서 "문들레 문들레 당신 곁에 문들레"라고 반복적으로 문들레의 이름을 상기시킨다. 이 문들레는 "죽어 다시 태어나도 당신 곁에 문들레"라면서 보잘것없지만, 그래서 존재가 미약하게 보이지만, "당신 바라 문들레"라고 말함으로서 '당신' 곁을 떠나지 않고 바라보기만 하는 문들레의 깊은 사랑을 화자는 연민으로 바라보고 있다. 특히 '죽었다가 다시 태어난다'는 의지를 지닌 것이 문들레여서, 변하지 않는 사랑을 지닌 존재로 인식시킨다. 그러므로 문들레는 나약하지 않고 위대한 사랑을 지닌 시적 상징으로 각인되고 있다.

다음의 「사랑론」은 짧지만 시적 정서는 물론 메시지가 매우 강하다.

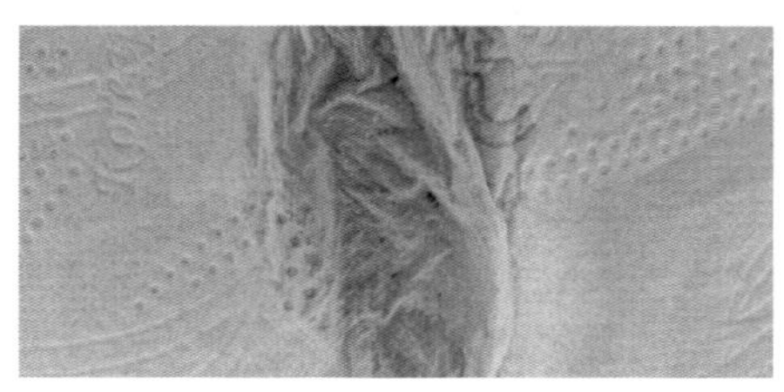

내 몸 망가뜨리는 독 같은 사랑이어서
한사코 떨어져 멀리멀리 에돌았건만
한순간 벼락 맞은 듯
피한다고 피해지더냐

-「사랑론」 전문

하나의 기호이며 언어인 사진 텍스트가 흑백 색채를 띠고 있는 이미지의 형상이 무엇을 나타내는지 알아보기 어렵다. 신체의 어느 부분을 의학기구로 촬영한 것인지, 아니면 어떤 부조의 일부를 클로즈업시킨 것인지 알기 힘들다. 그러나 "내 몸 망가뜨리는 독 같은 사랑이어서"라고 한 대목에서 텍스트의 의미를 유추해볼 수 있다. 그로테스크한 사진 텍스트가 '망가진 몸'을 나타낸 것일 수도 있다는 생각이 든다. 지금까지 디카시의 한 축을 이루는 기호인 사진의 이미지를 이처럼 형체를 알아보기 힘들게, 한 작품을 본 적이 없다. 애매모호한 이미지를 통해 해석의 폭을 확장함으로써 시의 다의성을 추구할 수 있다는 데에서 매우 긍정적이다. 마치 추상화가 어떤 사물을 구체적으로 지시하지는 않지만 다양하게 읽어내게 하는 것과 같다.

사진 텍스트가 사물의 이름을 불러주지는 않지만 '내 몸 망가뜨리는 독 같은 사랑'의 결과물임이 분명하다. 그럼에도 불구하고 시적 화자는 "한사코 떨어져 멀리멀리 에돌았건만" 사랑을 피하지 못하고 "한순간 벼락 맞은 듯" 사랑을 떨쳐버리지 못했다고 고백한다. 그런 까닭에 '독 같은 사랑'이라고 하는 것이다. 결과적으로 사랑은 운명 같은 것이어서 절대 피할 수 없는 것이라고 한다. 운명적으로 받아들일 수밖에 없는 것이 사랑이라는 것이 시적 화자의 '사랑론'인 것이다.

이밖에 '사랑'을 노래한 「청혼」은 화면 모두가 먹빛 속에 떠오른 달과 그것을 반영하고 있는 달이 배치되어 있다. 하늘과 바다는 사라지고, 그 사이에 도시의 불빛이 하늘과 바다을 경계짓고 있어 주제가 선명하게 부각되고 있다.

이 작품은 시적 화자의 독백처럼 보여지지만, 질문에 대한 대답이

랄 수 있는 "응", "응, 응"으로 보아 질문하고 이에 호응하는 연인의 모습이 정답고 아름다워 보인다. "저 하늘에 뜬 달이 보여?" "저 바다에 뜬 달이 보여?" "함께 날까?"라고 묻는 것에 "응, 응" 마음을 같이하는 태도는 물론, 쌍둥이처럼 닮은 달의 모습에서 하나가 되고자 하는 동일성의 시작詩作이 적용되고 있음을 볼 수 있다.

「반쪽의 꿈」은 한글의 구조를 이루는 모음과 자음을 음양의 이치로 인식하여 서로가 하나가 되어 '짝'을 이루고자 하는 꿈을 꾸는 작품이다. 그러므로 "너와 나도 만나야 사랑을 짓는다"고 하고, "반쪽아, 어디에 있니?"라고 또다른 자신을 찾는 태도를 취하고 있다. 이 작품의 다른 기호인 사진 텍스트는 투명한 유리창 너머의 풍경을 비춰주지만, 그것보다도 유리창에 새겨진 낙서에 주목한다. 화면에 검은 글씨가 가득 차 있는데, 휘갈긴 검은 글씨가 독해하기 어려운 암호 같지만, 시인은 이를 자신만의 언어로 기호화하고 있다. 그런 측면에서 「사랑론」에서 보여준 그로테스크한 사진 텍스트를 이용한 디카시가 의미와 정서를 확장시키는데 커다란 역할을 하고 있음을 알 수 있다. 이는 디카시인들에게 사진 텍스트를 포착할 때 유익한 영감으로 작용할 것이라고 믿는다.

<에필로그>

디카 시조집을 내며

강대선 시인

오래 숙고하였다,

이 아이들을 밖으로 보낼지 아니면 나와 한 철을 지낸 추억으로 묶힐지. 사진과 시가 함께 어울리는 디카시는 색다른 느낌을 준다. 사진시의 일종이라고 말할 수는 있으나 5행 안에 기발한 감각과 사유를 넣는다는 점에서 사진시와는 다른 감각을 요한다고 하겠다. 그런데

시조로 쓴다면 어떨까.

오히려 이런 기발한 감각과 사유의 폭이 좁아지지 않을까 하는 염려가 없지는 않았다. 그래서 먼저 아이들과 함께 디카시조를 써 보았다.

우리 고유의 문학 양식인 시조를 알리고 싶은 마음이 있었다. 3장 6구 45자 내외로 이루어진 시조와 사진을 어떻게 결합시킬 수 있을까.

답은 아이들이 나보다 더 잘 알았다. 생각이 나오는 대로 쓰기 시작해서

리듬을 맞추는 아이들을 보면서 재밌다는 생각이 들었다.

사진과 시를 결합하는 데서 끝나지 않고 좀더 지평을 넓혀갈 수도 있겠다 싶었다. 디카시조집을 통해 시조를 일반 독자에게 알리고자 하는 마음도 생겼다. 오래 숙고하였지만, 결정은 쉬웠다. 그동안 틈틈이 쓴 디카시조를 하나로 엮었다. 이 디카시조집이 디카시의 영역을 넓히는데 조금은 일조 할 수 있기를 기대해 본다.

추억나비

2026년 1월 25일 인쇄
2026년 1월 31일 발행

지은이 강대선

펴낸이 강경호
디자인 강준원
펴낸곳 도서출판 시와사람
등록 1994년 6월 10일 제 05-01-0155호
주소 광주시 동구 양림로119번길 21-1(학동)
전화 (062)224-5319 E-mail jcapoet@hanmail.net

ISBN 978-89-5665-812-4 03810

값 15,000원

이 도서의 국립중앙도서관 출판예정도서목록(CIP)은
서지정보유통지원시스템 홈페이지(http://seoji.nl.go.kr)와
국가자료종합목록 구축시스템(http://kolis-net.nl.go.kr)에서
이용하실 수 있습니다.